MW00573123

JANUARY 1

Who are you?

20__ •

20__ •

20__ •

2 JANUARY

What do you want?

20___ • ______________________________

20___ • ______________________________

20___ • ______________________________

JANUARY 3

What is your dharma, your purpose in life?

20__ · ______

20__ · ______

20__ · ______

4 JANUARY

What are you grateful for?

20___ • ______________________

20___ • ______________________

20___ • ______________________

JANUARY 5

Meditate for five minutes today. Restful awareness gives your mind and body a chance to relax. What do you observe during this state of relaxation?

20___ · ______________________________

20___ · ______________________________

20___ · ______________________________

6 JANUARY

What is your intention today?

20__ • ____________

20__ • ____________

20__ • ____________

What are your dreams?

20___ •

20___ •

20___ •

8 JANUARY

What are your desires?

20___ · ____________________

20___ · ____________________

20___ · ____________________

JANUARY 9

What are your fears?

20__ · ______________________________

20__ · ______________________________

20__ · ______________________________

10 JANUARY

What are you hungry for?

20___ · ______________________________

20___ · ______________________________

20___ · ______________________________

JANUARY 11

Whom do you love?

20__ •

20__ •

20__ •

12 JANUARY

What are you thinking about now?

20__ ·

20__ ·

20__ ·

JANUARY 13

What makes you truly happy?

20__ · ______

20__ · ______

20__ · ______

14 JANUARY

Where in your body do you experience your emotions?

20__ · ____

20__ · ____

20__ · ____

JANUARY 15

What are you experiencing emotionally in the present moment?

20___ · ___

20___ · ___

20___ · ___

16 JANUARY

What are you experiencing physically in the present moment?

20___ · ______

20___ · ______

20___ · ______

JANUARY 17

Do you feel any discomfort? Where is it located and how would you describe it?

20___ • ______________________

20___ • ______________________

20___ • ______________________

18 JANUARY

Who inspires you?

20___ • ______

20___ • ______

20___ • ______

JANUARY 19

What is your favorite book?

20__ • ______

20__ • ______

20__ • ______

20 JANUARY

What would you do if you could stop regretting the past or fearing the future?

20___ · ___

20___ · ___

20___ · ___

JANUARY 21

Are you willing to redefine yourself today? What is one way you can do this?

20__ · ____________________

20__ · ____________________

20__ · ____________________

22 JANUARY

A quiet mind is more important than a positive mind. What does the quiet in you feel like?

20___ · ______________________________

20___ · ______________________________

20___ · ______________________________

What needs do you have?
Are your needs being met?

20___ •

20___ •

20___ •

24 JANUARY

How intuitive are you?

20___ · ____________________

20___ · ____________________

20___ · ____________________

JANUARY 25

What are you afraid of?

20___ •

20___ •

20___ •

26 JANUARY

What do you feel when you are afraid?

20__ · ________

20__ · ________

20__ · ________

JANUARY 27

What emotions are you experiencing right now?

20___ · ______

20___ · ______

20___ · ______

28 JANUARY

Observe your breath. How are you breathing? Deep? Short? Relaxed? Fast? Describe.

20___ • ______________________________

20___ • ______________________________

20___ • ______________________________

JANUARY 29

Close your eyes for thirty seconds and then open them. What did you see in your mind's eye?

20___ · ______________________

20___ · ______________________

20___ · ______________________

30 JANUARY

How many ways can you say "Thank you" to the people in your life?

20__ •

20__ •

20__ •

JANUARY 31

What is one step you could take today that will bring you closer to your life's purpose?

20__ · ____________________

20__ · ____________________

20__ · ____________________

FEBRUARY

What is something creative you can do today?

20___ • ______________________________

20___ • ______________________________

20___ • ______________________________

FEBRUARY 2

What is your vision for the future?

20__ · ______

20__ · ______

20__ · ______

3 FEBRUARY

How can you serve others?

20___ · ______________________________

20___ · ______________________________

20___ · ______________________________

FEBRUARY 4

Whom can you help today?

20__ · ____

20__ · ____

20__ · ____

5

FEBRUARY

How can you bring light and love into the world?

20__ · ____________________

20__ · ____________________

20__ · ____________________

FEBRUARY 6

Remember a time when you felt overwhelmed. What led to that moment?

20__ • ________________________________

20__ • ________________________________

20__ • ________________________________

7 FEBRUARY

How can you be more grateful in your life?

20 ___ · ______________________________

20 ___ · ______________________________

20 ___ · ______________________________

FEBRUARY 8

Nothing brings down more walls than acceptance. How can you be more accepting?

20___ · ___

20___ · ___

20___ · ___

9 FEBRUARY

Think of a time of great difficulty. What gift was contained in that moment of struggle?

20__ · ________

20__ · ________

20__ · ________

FEBRUARY 10

Love without action is meaningless. Action without love is irrelevant. What loving act can you do for another? What loving act can you do for yourself?

20___ · ______________________________

20___ · ______________________________

20___ · ______________________________

11 FEBRUARY

What are you worried about?

20___ · ______________________________

20___ · ______________________________

20___ · ______________________________

FEBRUARY 12

What is one worry you can let go of today?

20 •

20 •

20 •

13 FEBRUARY

All great changes are preceded by chaos. Remember a moment of chaos. What change followed? How did that affect your life?

20___ · ______________________________

20___ · ______________________________

20___ · ______________________________

FEBRUARY 14

Anything of value in life multiplies when it is given away. What can you give away?

20___ • ___

20___ • ___

20___ • ___

15 FEBRUARY

How can you become the change you want to see?

20__ · ______________________

20__ · ______________________

20__ · ______________________

How can you personally help heal our planet?

20__ ·

20__ ·

20__ ·

17 FEBRUARY

What decision have you been putting off?

20___ · ____________________

20___ · ____________________

20___ · ____________________

FEBRUARY 18

How can you bring more peace into your life?

20__ · ______

20__ · ______

20__ · ______

19 FEBRUARY

What led you to this very moment?

20__ · ______________________________

20__ · ______________________________

20__ · ______________________________

FEBRUARY 20

How do you treat the people closest to you?

20__ · ______

20__ · ______

20__ · ______

21 FEBRUARY

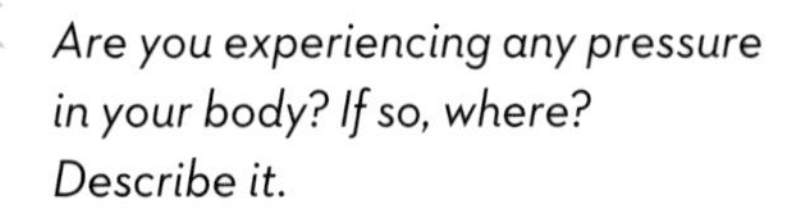

Are you experiencing any pressure in your body? If so, where? Describe it.

20__ · ________

20__ · ________

20__ · ________

FEBRUARY 22

What can you do to invite grace into your life?

20__ · ____________________

20__ · ____________________

20__ · ____________________

23 FEBRUARY

What would you do if you had all the time and money in the world?

20 ___ · ______

20 ___ · ______

20 ___ · ______

FEBRUARY 24

What is something that you'd like to try for the first time?

20___ • ______________________________

____

____

____

____

20___ • ______________________________

____

____

____

____

20___ • ______________________________

____

____

____

____

25 FEBRUARY

If you want to be happy, make someone else happy. Whom can you make happy today? What could you do for that person?

20__ · ____________________

20__ · ____________________

20__ · ____________________

FEBRUARY 26

What do you think of your name?
How does it sound to you?

20___ • ___________________________

20___ • ___________________________

20___ • ___________________________

27 FEBRUARY

In every failure lie the seeds of success. What have you failed at?

20__ · ________

20__ · ________

20__ · ________

FEBRUARY 28

How can you turn failure into success?

20__ · ______

20__ · ______

20__ · ______

29 FEBRUARY

What does your dream life look like?

20__ ·

20__ ·

20__ ·

MARCH 1

Are you easily agitated? If so, why?

20__ · ______________________

20__ · ______________________

20__ · ______________________

MARCH

Who was your best friend when you were a child? Describe that person.

20__ · ______

20__ · ______

20__ · ______

MARCH 3

Instead of asking what the problem is, ask, "What's the creative opportunity?" What challenges in your life need a creative solution?

20__ · ____________________

20__ · ____________________

20__ · ____________________

4 MARCH

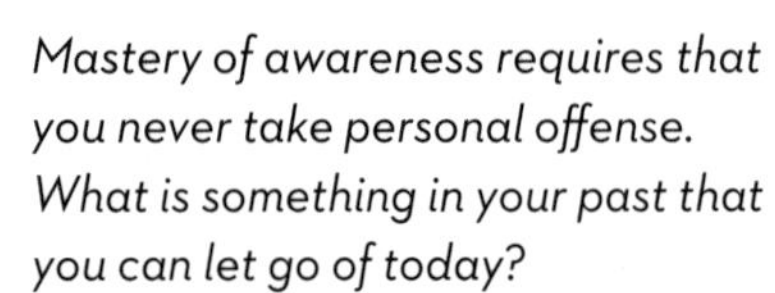

Mastery of awareness requires that you never take personal offense. What is something in your past that you can let go of today?

20___ · ______________________

20___ · ______________________

20___ · ______________________

MARCH 5

What do you want to attract into your life?

20__ · ______

20__ · ______

20__ · ______

6 MARCH

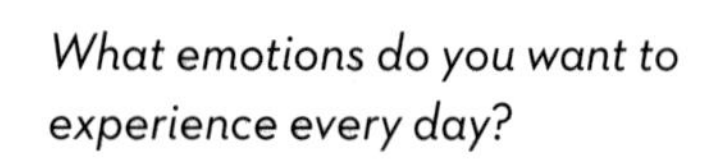

What emotions do you want to experience every day?

20___ · ______________________________

20___ · ______________________________

20___ · ______________________________

MARCH 7

What do you want to manifest in your life?

20__ · ______________________________

20__ · ______________________________

20__ · ______________________________

MARCH

How do you want your body to look?

20 ___ · ______________________________

20 ___ · ______________________________

20 ___ · ______________________________

MARCH 9

What is something about you that few people know?

20___ · ______________________

20___ · ______________________

20___ · ______________________

10 MARCH

Have you ever experienced synchronicity or a meaningful coincidence? What happened?

20___ · ______________________________

20___ · ______________________________

20___ · ______________________________

MARCH 11

Expanded awareness means owning your feelings rather than blaming them on someone else. What feelings can you accept today?

20___ · ______________________________

20___ · ______________________________

20___ · ______________________________

12 MARCH

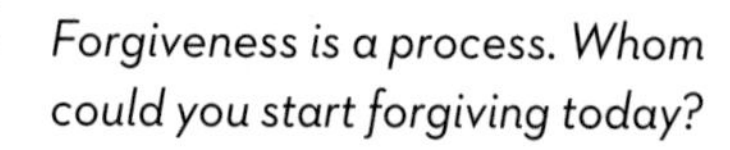

Forgiveness is a process. Whom could you start forgiving today?

20___ · ____________________

20___ · ____________________

20___ · ____________________

MARCH 13

Imagine you are seeing the world for the first time. What do you see?

20___ · ______________________________

20___ · ______________________________

20___ · ______________________________

14 MARCH

What was your favorite toy when you were growing up?

20___ · ___

20___ · ___

20___ · ___

MARCH 15

How can you be more childlike in your life?

20___ · ____________________

20___ · ____________________

20___ · ____________________

16 MARCH

Stop repeating what never worked for you in the first place. Stand back and ask for a new solution. What solution are you looking for?

20___ · ______________________________

20___ · ______________________________

20___ · ______________________________

MARCH 17

What is one label you could remove that no longer defines you?

20___ · ______________________________

20___ · ______________________________

20___ · ______________________________

18 MARCH

Take responsibility for your last bad decision. What is it? Now let it go.

20___ · ______________________________

20___ · ______________________________

20___ · ______________________________

MARCH 19

Observe your thoughts. What do you observe?

20__ · ______

20__ · ______

20__ · ______

20 MARCH

What is your favorite animal?

20___ • ___

20___ • ___

20___ • ___

MARCH 21

Look around the room. What do you see?

20__ · ____________________

20__ · ____________________

20__ · ____________________

22 MARCH

How would you feel if you opened your heart to others?

20___ · ____________________

20___ · ____________________

20___ · ____________________

MARCH 23

The love you feel in life reflects the love you feel inside yourself. How can you love yourself more?

20___ · ____________________

20___ · ____________________

20___ · ____________________

24 MARCH

How can you love others more?

20___ · ___

20___ · ___

20___ · ___

MARCH 25

Choose joy! What can you do to live this truth?

20__ · ____________________

20__ · ____________________

20__ · ____________________

26 MARCH

Ask, and you will receive. What do you ask?

20___ · ______________________________

20___ · ______________________________

20___ · ______________________________

MARCH 27

Knock, and the door will be opened. What doors need opening?

20 ___ · ___

20 ___ · ___

20 ___ · ___

28 MARCH

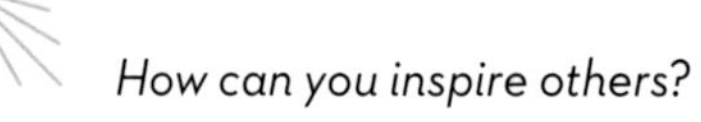

How can you inspire others?

20___ · ________________________________

20___ · ________________________________

20___ · ________________________________

MARCH 29

How can you inspire yourself?

20___ · ______________________

20___ · ______________________

20___ · ______________________

30 MARCH

Spend ten minutes today observing instead of speaking. What do you observe?

20___ · ________________________

20___ · ________________________

20___ · ________________________

MARCH 31

Who are you?

20___ · ______________________

20___ · ______________________

20___ · ______________________

1 APRIL

What do you want?

20__ · ____________________

20__ · ____________________

20__ · ____________________

APRIL 2

What is your dharma, your purpose in life?

20__ · ______

20__ · ______

20__ · ______

3 APRIL

What are you grateful for?

20__ · ______

20__ · ______

20__ · ______

APRIL 4

Meditate for five minutes today. What do you observe during this state of relaxation?

20___ · ______________________________

20___ · ______________________________

20___ · ______________________________

5

APRIL

What could you do that your family and friends would never expect?

20___ · ____________________

20___ · ____________________

20___ · ____________________

APRIL 6

What can you allow to be out of your control?

20__ · ______

20__ · ______

20__ · ______

7 APRIL

Look into a mirror and hold your gaze. What do you see?

20___ • ____________________

20___ • ____________________

20___ • ____________________

APRIL 8

Imagine looking into the eyes of a loved one. Whom do you see staring back at you?

20___ · ______________________________

20___ · ______________________________

20___ · ______________________________

9 APRIL

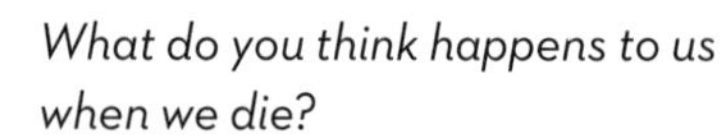

What do you think happens to us when we die?

20___ · ______________________________

____

____

____

____

20___ · ______________________________

____

____

____

____

20___ · ______________________________

____

____

____

____

APRIL 10

What feels more real to you, waking life or dreams? Why?

20___ • ____________________

20___ • ____________________

20___ • ____________________

11 APRIL

Your experiences reflect your self. What are you experiencing right now?

20___ • ____________________

____

____

____

____

20___ • ____________________

____

____

____

____

20___ • ____________________

____

____

____

____

APRIL 12

Your life is a part of every life. What connections bind you to creation?

20___ · ______________________________

20___ · ______________________________

20___ · ______________________________

13 APRIL

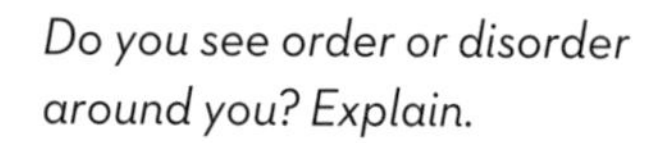

Do you see order or disorder around you? Explain.

20___ · ___________

20___ · ___________

20___ · ___________

APRIL 14

Do you see uniqueness in life?
Why or why not?

20___ • ___

20___ • ___

20___ • ___

15 APRIL

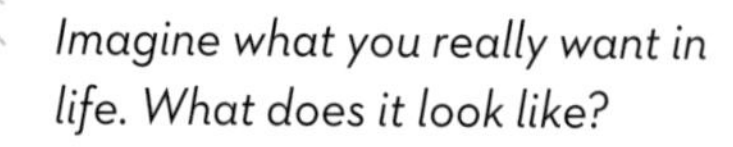

Imagine what you really want in life. What does it look like?

20___ • ___________

20___ • ___________

20___ • ___________

APRIL 16

What does the word love mean to you?

20__ · ____________________

20__ · ____________________

20__ · ____________________

17

APRIL

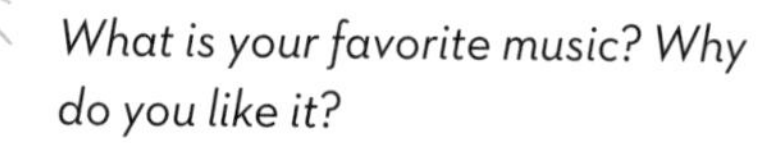

What is your favorite music? Why do you like it?

20___ • ______________________________

20___ • ______________________________

20___ • ______________________________

APRIL 18

Do you feel safe or unsafe in the world? Why?

20___ · ____________________

20___ · ____________________

20___ · ____________________

19 APRIL

Be still for two minutes and breathe. How can you extend this silence throughout your day?

20___ • ______________________

20___ • ______________________

20___ • ______________________

APRIL 20

What does non-judgment mean to you? Practice non-judgment for five minutes today.

20___ · ___________________

20___ · ___________________

20___ · ___________________

21

APRIL

What gifts have you been given in life?

20___ · ______________________________

20___ · ______________________________

20___ · ______________________________

APRIL 22

How can you share the gifts you have with others?

20__ · ____________________

20__ · ____________________

20__ · ____________________

23 APRIL

What does freedom mean to you?

20___ • ______________________________

20___ • ______________________________

20___ • ______________________________

APRIL 24

To guide your karma, make conscious choices. What are three conscious choices you can make today?

20___ • ____________________

20___ • ____________________

20___ • ____________________

25 APRIL

Ask yourself, "What are the consequences of my decisions?"

20___ · ______________________________

20___ · ______________________________

20___ · ______________________________

APRIL 26

Every skill learned creates new pathways in your brain. What skills could you learn?

20__ · ______________________________

____

____

____

____

20__ · ______________________________

____

____

____

____

20__ · ______________________________

____

____

____

____

27 APRIL

What is a new thought you could have today?

20___ · ______________________________

20___ · ______________________________

20___ · ______________________________

APRIL 28

What change do you want to see in yourself?

20___ · ____________________

20___ · ____________________

20___ · ____________________

29 APRIL

Take a deep breath and sigh as you let it out. How do you feel?

20__ ·

20__ ·

20__ ·

APRIL 30

Do you ever get defensive? Why?

20___ • ______________________________

20___ • ______________________________

20___ • ______________________________

1 MAY

Close your eyes for a few seconds and then open them. What is the first thing you notice?

20__ · ______________________________

____

____

____

____

20__ · ______________________________

____

____

____

____

20__ · ______________________________

____

____

____

____

MAY 2

In what ways could a sound be a gift?

20___ · ______________________________

20___ · ______________________________

20___ · ______________________________

3 MAY

What is your intention for today?

20___ • ____________________

20___ • ____________________

20___ • ____________________

MAY 4

What can you do to help yourself bounce back from life's setbacks?

20__ · ________________

20__ · ________________

20__ · ________________

5 MAY

What is a habit in your life that you would like to change?

20___ · ________________________________

20___ · ________________________________

20___ · ________________________________

MAY 6

What habit is benefiting you right now in your life?

20___ · ______________________

20___ · ______________________

20___ · ______________________

7 MAY

Who is your favorite writer? Why?

20___ •

20___ •

20___ •

MAY 8

What irritates you? Can you let that irritation go?

20__ · ________

20__ · ________

20__ · ________

9 MAY

How did you sleep last night?

20___ · ___________

20___ · ___________

20___ · ___________

MAY 10

What makes you excited?

20___ · ______________________________

20___ · ______________________________

20___ · ______________________________

11 MAY

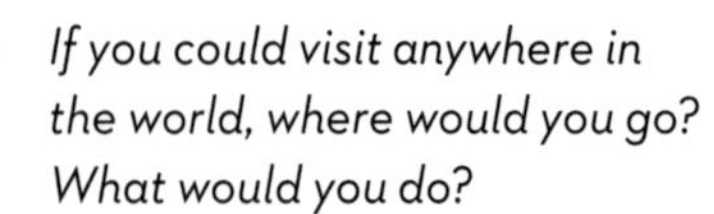

If you could visit anywhere in the world, where would you go? What would you do?

20 ___ · ______

20 ___ · ______

20 ___ · ______

MAY 12

A simple meditation: for two minutes, focus on your breathing. How do you feel afterward?

20___ · ________________

20___ · ________________

20___ · ________________

13 MAY

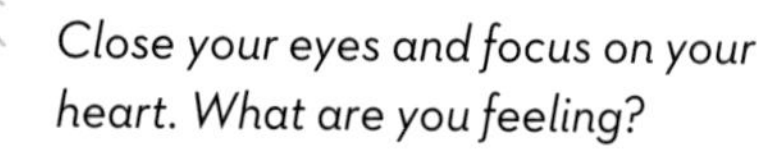

Close your eyes and focus on your heart. What are you feeling?

20___ · ___

20___ · ___

20___ · ___

MAY 14

Close your eyes and imagine a golden light surrounding you. How does it make you feel?

20___ • ____________________

20___ • ____________________

20___ • ____________________

15 MAY

What beliefs do you have about your past?

20___ • ______________________________

20___ • ______________________________

20___ • ______________________________

MAY 16

What beliefs do you have about your future?

20___ · ______________________________

20___ · ______________________________

20___ · ______________________________

17 MAY

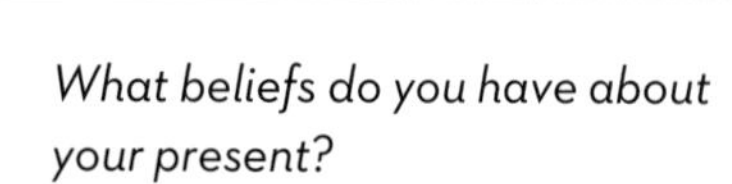

What beliefs do you have about your present?

20___ •

20___ •

20___ •

MAY 18

If you could change your lifestyle, how would you change it?

20___ · ______________________________

20___ · ______________________________

20___ · ______________________________

19 MAY

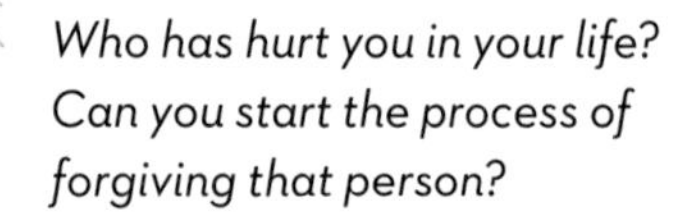

Who has hurt you in your life? Can you start the process of forgiving that person?

20___ · ____________________

20___ · ____________________

20___ · ____________________

MAY 20

What could you become genuinely interested in?

20___ · ___________________________________

20___ · ___________________________________

20___ · ___________________________________

21 MAY

What skill could you practice every day?

20___ · ______________________________

____

____

____

____

20___ · ______________________________

____

____

____

____

20___ · ______________________________

____

____

____

____

MAY 22

Dance! Then come back and reflect on how you feel.

20___ · ______________________________

20___ · ______________________________

20___ · ______________________________

23 MAY

How did you get here?

20__ · ______

20__ · ______

20__ · ______

MAY 24

You are on a journey to higher consciousness. How can you embrace the journey?

20__ · ______

20__ · ______

20__ · ______

25 MAY

What thoughts are occupying your mind right now?

20__ · ____________________

20__ · ____________________

20__ · ____________________

MAY 26

What are you feeling right now?

20___ • ______________________________

20___ • ______________________________

20___ • ______________________________

27 MAY

Look inside yourself. What do you see?

20___ · ______________________________

20___ · ______________________________

20___ · ______________________________

MAY 28

You are whole. Do you agree or disagree? Why?

20__ · ______

20__ · ______

20__ · ______

29 MAY

How can you be more flexible in your life?

20___ · ________________

20___ · ________________

20___ · ________________

MAY 30

Do you remember your dreams? Write about one dream you remember.

20__ · ______

20__ · ______

20__ · ______

31 MAY

How can you bring healing to a friend or family member?

20__ · ______

20__ · ______

20__ · ______

JUNE 1

How do you handle rejection?

20___ • ______________________

20___ • ______________________

20___ • ______________________

2 JUNE

If you could be granted three wishes, what would they be?

20___ • ______________________________

20___ • ______________________________

20___ • ______________________________

JUNE 3

Have fun again! What is something exciting you can do today?

20__ · ______

20__ · ______

20__ · ______

4 JUNE

What could you throw out today?

20__ · ______

20__ · ______

20__ · ______

JUNE 5

What are five things you could donate to a charity?

20__ · ____

20__ · ____

20__ · ____

6 JUNE

Do you remember what it felt like to be a teenager? Describe.

20___ · ______________________________

20___ · ______________________________

20___ · ______________________________

JUNE 7

What games did you like to play when you were a child?

20___ · ___

20___ · ___

20___ · ___

8 JUNE

Who is your favorite superhero?

20___ · ______________________

20___ · ______________________

20___ · ______________________

JUNE 9

If you could have a superpower, what would it be?

20__ · ____________________

20__ · ____________________

20__ · ____________________

10 JUNE

What is one thing you've been putting off?

20___ · ______________________________

20___ · ______________________________

20___ · ______________________________

JUNE 11

Your body reflects consciousness.
How is your body feeling today?

20___ · ______________________________

20___ · ______________________________

20___ · ______________________________

12 JUNE

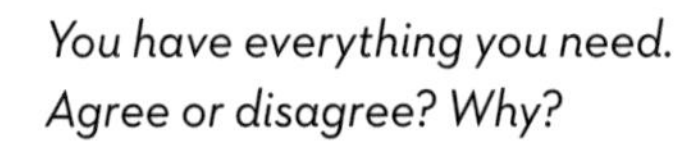

You have everything you need. Agree or disagree? Why?

20___ · ______________________________

20___ · ______________________________

20___ · ______________________________

JUNE 13

You have nothing to fear. Agree or disagree? Why?

20__ · ______________________________

20__ · ______________________________

20__ · ______________________________

14

JUNE

The flow of life's abundance brings you everything you need. Agree or disagree?

20___ • ______________________________

20___ • ______________________________

20___ • ______________________________

JUNE 15

What are some images you have of yourself?

20___ · ______________________________

20___ · ______________________________

20___ · ______________________________

16 JUNE

How can you greet each day with fresh energy?

20___ · ______________________________

20___ · ______________________________

20___ · ______________________________

JUNE 17

What's on your mind today?

20___ · ______

20___ · ______

20___ · ______

18 JUNE

Be still for two minutes. What is stirring in your soul?

20___ · ___

20___ · ___

20___ · ___

JUNE 19

Trust the process. What could you trust in today?

20___ · ______________________________

20___ · ______________________________

20___ · ______________________________

20 JUNE

What are you feeling right now?

20___ · ________________________________

20___ · ________________________________

20___ · ________________________________

JUNE 21

Nothing can be changed in your life unless you become aware of it. What do you want to change in your life?

20___ · ______________________________

20___ · ______________________________

20___ · ______________________________

22 JUNE

How can you cultivate more serenity in your life?

20__ · ______

20__ · ______

20__ · ______

JUNE 23

When do you feel most like yourself?

20___ · ______________________________

20___ · ______________________________

20___ · ______________________________

24 JUNE

Read the following question slowly and reflect on it: Who do you feel you are?

20__ · ______________________________

20__ · ______________________________

20__ · ______________________________

JUNE 25

Quiet your mind now.
What's the first thought that breaks the silence?

20__ · ______

20__ · ______

20__ · ______

26 JUNE

Do you believe in God?
Why or why not?

20___ · ___________

20___ · ___________

20___ · ___________

JUNE 27

Do you believe in life after death? Why or why not?

20___ · ______________________________

20___ · ______________________________

20___ · ______________________________

28 JUNE

Who accompanies you when you're feeling down?

20 ___ · ___

20 ___ · ___

20 ___ · ___

JUNE 29

Who are you?

20__ ·

20__ ·

20__ ·

30 JUNE

What do you want?

20__ · ____

20__ · ____

20__ · ____

What is your dharma, your purpose in life?

20___ • ______________________

20___ • ______________________

20___ • ______________________

2 JULY

What are you grateful for?

20___ • ___

20___ • ___

20___ • ___

Meditate for five minutes today. Restful awareness gives your mind and body a chance to relax. What do you observe during this state of relaxation?

20___ · ____________________

20___ · ____________________

20___ · ____________________

Whom do you admire?

20___ · ________________________________

20___ · ________________________________

20___ · ________________________________

JULY 5

What historical figure would you like to spend time with?

20__ · ______

20__ · ______

20__ · ______

Focus on your breathing. Where do you experience your breath the most?

20__ · __________

20__ · __________

20__ · __________

JULY 7

What is your favorite song?

20__ · ____

20__ · ____

20__ · ____

8 JULY

What are your favorite foods?

20__ · ________

20__ · ________

20__ · ________

JULY 9

Do you prefer mornings, afternoons, or evenings?

20__ · ____________________

20__ · ____________________

20__ · ____________________

10 JULY

Listen: What do you hear? Describe.

20___ • ___

20___ • ___

20___ • ___

JULY 11

Smell: What do you smell? Describe.

20__ · ____

20__ · ____

20__ · ____

12 JULY

Look: What do you see? Describe.

20__ •

20__ •

20__ •

JULY 13

Touch: What do you feel? Describe.

20___ · ____________________

20___ · ____________________

20___ · ____________________

14 JULY

Taste: What do you taste? Describe.

20___ · ______________________________

20___ · ______________________________

20___ · ______________________________

JULY 15

How did you sleep last night?

20___ • ___

20___ • ___

20___ • ___

16 JULY

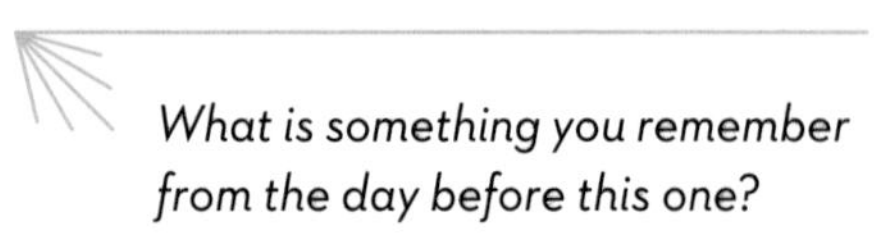

What is something you remember from the day before this one?

20__ · ________

20__ · ________

20__ · ________

JULY 17

What does your future look like?

20__ · ______________________

20__ · ______________________

20__ · ______________________

18 JULY

Do you believe in angels?
Why or why not?

20__ · ____________________

20__ · ____________________

20__ · ____________________

JULY 19

Are you open-minded toward people who are different from you?

20___ • ______________________

20___ • ______________________

20___ • ______________________

20 JULY

Do the emotional states of others influence you? How?

20__ · ____________________

20__ · ____________________

20__ · ____________________

JULY 21

Do you face new challenges with optimism or pessimism? Why do you think that is?

20___ · ____________________

____

____

____

____

20___ · ____________________

____

____

____

____

20___ · ____________________

____

____

____

____

22 JULY

Every day is a new world.
Agree or disagree?

20__ •

20__ •

20__ •

JULY 23

You can live in the flow of creative intelligence. Do you agree or disagree?

20__ · ______________________________

____

____

____

____

20__ · ______________________________

____

____

____

____

20__ · ______________________________

____

____

____

____

24

Have you been eating and sleeping regularly? What is affecting that?

20___ · ____________________

20___ · ____________________

20___ · ____________________

JULY 25

How are you feeling today?

20___ · ____________________

20___ · ____________________

20___ · ____________________

26 JULY

Breathing energizes your mind and body. Take ten deep breaths. How do you feel after doing that?

20___ • ____________________

20___ • ____________________

20___ • ____________________

JULY 27

Is your breathing today steady and deep or choppy and short?

20___ • ______________________

20___ • ______________________

20___ • ______________________

28 JULY

Do you feel peace in your life?

20___ • ______________________________

20___ • ______________________________

20___ • ______________________________

JULY 29

Do you consider yourself a creative person?

20___ • ______________________________

____

____

____

____

20___ • ______________________________

____

____

____

____

20___ • ______________________________

____

____

____

____

30 JULY

How far have you come on your chosen path?

20___ · ______________________

20___ · ______________________

20___ · ______________________

JULY 31

What events in your life helped define who you are?

20___ · ____________________

20___ · ____________________

20___ · ____________________

1

AUGUST

How can you grow in your life?

20 ___ · ______________________

20 ___ · ______________________

20 ___ · ______________________

AUGUST 2

Do you ever notice any patterns in your thinking? What are they?

20___ · ______________________________

20___ · ______________________________

20___ · ______________________________

3 AUGUST

What do you expect in a meaningful relationship?

20___ • ___

20___ • ___

20___ • ___

AUGUST 4

What traits do you dislike in others that you might see in yourself?

20___ · ____________________

20___ · ____________________

20___ · ____________________

5 AUGUST

How can you better care for others at work, school, or home?

20___ • ______________________

20___ • ______________________

20___ • ______________________

AUGUST 6

What random act of kindness could you do for another today?

20___ • ______________________________

20___ • ______________________________

20___ • ______________________________

7 AUGUST

What are you seeking?

20__ • ____________________

20__ • ____________________

20__ • ____________________

AUGUST 8

Do you feel secure in your life?

20__ · ________

20__ · ________

20__ · ________

9 AUGUST

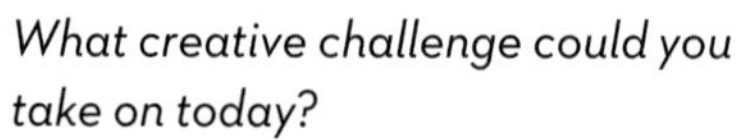

What creative challenge could you take on today?

20__ · ____________________

____

____

____

____

20__ · ____________________

____

____

____

____

20__ · ____________________

____

____

____

____

AUGUST 10

Doing something new leads to renewal. What is something new you can do today?

20___ · ______________________________

20___ · ______________________________

20___ · ______________________________

11 AUGUST

Are you stuck in a negative self-belief? Where did this belief come from?

20___ · ____________________

20___ · ____________________

20___ · ____________________

AUGUST 12

If you experience a negative self-belief, why not believe the opposite? What could be stopping you?

20___ · ____________________

20___ · ____________________

20___ · ____________________

13 AUGUST

Is this all there is?

20___ · ______________________________

20___ · ______________________________

20___ · ______________________________

AUGUST 14

Where are you now?

20___ • ___

20___ • ___

20___ • ___

15 AUGUST

What is the life you ought to be living?

20___ · ______________________

20___ · ______________________

20___ · ______________________

AUGUST 16

How well do you think of yourself?

20___ · ______________________________

20___ · ______________________________

20___ · ______________________________

17 AUGUST

Do you feel that you are agreeable or disagreeable?

20___ · ___________

20___ · ___________

20___ · ___________

AUGUST 18

Don't say anything at all if you can't say something good about somebody. Agree or disagree?

20___ · ______________________________

20___ · ______________________________

20___ · ______________________________

19 AUGUST

Are you a leader? Do you take charge? Why or why not?

20__ · ____________________

20__ · ____________________

20__ · ____________________

AUGUST 20

Do you feel comfortable sharing your opinions with others? Explore your answer.

20___ · ________________________________

20___ · ________________________________

20___ · ________________________________

21 AUGUST

Can you live a life without anger? Without fear? Explore your answers.

20__ · ______

20__ · ______

20__ · ______

AUGUST 22

Do you have a generally positive attitude?

20___ • ____________________

20___ • ____________________

20___ • ____________________

23 AUGUST

Where can you find beauty in your life?

20___ • ___________

20___ • ___________

20___ • ___________

AUGUST 24

Where can you find joy and bliss in your life?

20___ · ______

20___ · ______

20___ · ______

25 AUGUST

How can you nurture your relationships while staying honest about your true purpose?

20__ •

20__ •

20__ •

AUGUST 26

Do you have a good body image? Why do you feel that way?

20__ · ______________________

20__ · ______________________

20__ · ______________________

27 AUGUST

Are you happy about your age? Explore your answer.

20___ • ______________________________

20___ • ______________________________

20___ • ______________________________

AUGUST 28

Do you enjoy being out in nature? Explore your answer.

20__ · ________________

20__ · ________________

20__ · ________________

29 AUGUST

How can you harmonize your inner life with the world around you?

20___ • ______________________________

20___ • ______________________________

20___ • ______________________________

AUGUST 30

How can you add more beauty to your living space?

20___ •

20___ •

20___ •

31 AUGUST

Are you normally trusting of others? Why or why not?

20__ ·

20__ ·

20__ ·

SEPTEMBER 1

What act of kindness could you perform today?

20___ · ______________________________

20___ · ______________________________

20___ · ______________________________

2 SEPTEMBER

Do you believe in mind over matter?

20___ · ______________________________

20___ · ______________________________

20___ · ______________________________

Have you ever had an aha moment?
What was it like?

20___ · ______________________

20___ · ______________________

20___ · ______________________

4 SEPTEMBER

What's the strangest thing that has ever happened to you?

20__ · ________________________

20__ · ________________________

20__ · ________________________

SEPTEMBER 5

When was the last time you watched the sunset?

20__ ·

20__ ·

20__ ·

6 SEPTEMBER

When was the last time you looked at the stars and asked why?

20__ · ________________

20__ · ________________

20__ · ________________

SEPTEMBER 7

What does it mean to you to be a spiritual person?

20__ • ____________________

20__ • ____________________

20__ • ____________________

8 SEPTEMBER

Who is the wisest person you know?

20___ · ____________________

20___ · ____________________

20___ · ____________________

SEPTEMBER 9

Do you feel free? Explore your answer.

20___ • ______________________

20___ • ______________________

20___ • ______________________

10 SEPTEMBER

Imagine the taste of ice cream. What does it taste like?

20__ •

20__ •

20__ •

Imagine the sun shining on your face. What does it feel like?

20___ •

20___ •

20___ •

12 SEPTEMBER

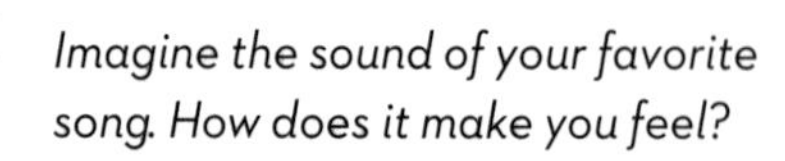

Imagine the sound of your favorite song. How does it make you feel?

20__ · __________

20__ · __________

20__ · __________

SEPTEMBER 13

Imagine a beautiful beach. What does it look like?

20___ · ______________________________

20___ · ______________________________

20___ · ______________________________

14 SEPTEMBER

Imagine the smell of a lemon.
What does it smell like?

20___ · ___________________________________

20___ · ___________________________________

20___ · ___________________________________

SEPTEMBER 15

Do you remember what it felt like to be a child? Describe.

20___ • ______________________________

20___ • ______________________________

20___ • ______________________________

16 SEPTEMBER

Is there a problem you should fix, put up with, or walk away from?

20___ · ______________________________

20___ · ______________________________

20___ · ______________________________

SEPTEMBER 17

Whom can you consult with to help you solve a problem that you are having? Who has helped you solve a similar problem in the past?

20__ · ______________________________

20__ · ______________________________

20__ · ______________________________

18 SEPTEMBER

How can you reach inside yourself for solutions?

20__ · ____________________

20__ · ____________________

20__ · ____________________

SEPTEMBER 19

How can you fulfill your vision for your life?

20__ · ____________

20__ · ____________

20__ · ____________

20 SEPTEMBER

What is your proudest contribution to your family?

20___ • ______________________________

20___ • ______________________________

20___ • ______________________________

SEPTEMBER 21

What are the most important values you contribute to a relationship?

20___ · ______________________________

20___ · ______________________________

20___ · ______________________________

22 SEPTEMBER

What are the most important values you want to receive in a relationship?

20___ · ______________________________

____

____

____

____

20___ · ______________________________

____

____

____

____

20___ · ______________________________

____

____

____

____

SEPTEMBER 23

How can you get clear about a challenge you are experiencing?

20__ · ______________________

20__ · ______________________

20__ · ______________________

24 SEPTEMBER

What makes you truly happy?

20___ • ______________________________

____

____

____

____

20___ • ______________________________

____

____

____

____

20___ • ______________________________

____

____

____

____

SEPTEMBER

What kindness could you offer a stranger today?

20__ · ______________________________

____

____

____

____

20__ · ______________________________

____

____

____

____

20__ · ______________________________

____

____

____

____

26 SEPTEMBER

How can you honor members of your family?

20___ · ___

20___ · ___

20___ · ___

SEPTEMBER 27

Who are you?

20___ • ___

20___ • ___

20___ • ___

28 SEPTEMBER

What do you want?

20___ • ______________________________

20___ • ______________________________

20___ • ______________________________

SEPTEMBER 29

What is your dharma, your purpose in life?

20__ · ____________________

20__ · ____________________

20__ · ____________________

30 SEPTEMBER

What are you grateful for?

20___ • ______________________________

20___ • ______________________________

20___ • ______________________________

OCTOBER 1

Meditate for five minutes today. What do you observe during this state of relaxation?

20___ · ______________________________

20___ · ______________________________

20___ · ______________________________

2 OCTOBER

Who is in charge of your life?
Explore your answer.

20___ · ______________________________

20___ · ______________________________

20___ · ______________________________

OCTOBER 3

Is life fair? Why or why not?

20___ · ____________________

20___ · ____________________

20___ · ____________________

4 OCTOBER

Can other people be trusted? Why or why not?

20___ • ___________

20___ • ___________

20___ • ___________

OCTOBER 5

Is there a higher power in the universe? Explore your answer.

20__ · ______________________

20__ · ______________________

20__ · ______________________

6 OCTOBER

Does good triumph over evil?
Why or why not?

20__ • ______

20__ • ______

20__ • ______

OCTOBER 7

Do you expect the best or prepare for the worst?

20__ · ____________________

20__ · ____________________

20__ · ____________________

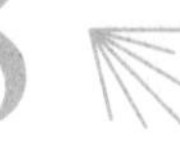

8 OCTOBER

Is your attitude relaxed or vigilant? Explore your answer.

20___ · ______________________________

20___ · ______________________________

20___ · ______________________________

OCTOBER 9

If you could be any animal, what would you be and why?

20___ · ______________________________

20___ · ______________________________

20___ · ______________________________

10

Are you loved, cared for, and supported by others, or can you count only on yourself?

20___ · ______________________

20___ · ______________________

20___ · ______________________

OCTOBER 11

Are there areas in your life where you could be kinder?

20___ · ________________________________

20___ · ________________________________

20___ · ________________________________

12 

What does it feel like to surrender to the moment?

20___ · ____________________

20___ · ____________________

20___ · ____________________

OCTOBER 13

If you could go back in time and change a decision you made, what would it be?

20__ · ______________________________

20__ · ______________________________

20__ · ______________________________

14

What do you think existed before time? Explore your answer.

20___ · ______________________________

20___ · ______________________________

20___ · ______________________________

OCTOBER 15

How do you feel when you wake in the morning?

20__ · ____________________

20__ · ____________________

20__ · ____________________

16 OCTOBER

How do you feel when you go to sleep at night?

20___ · ___

20___ · ___

20___ · ___

OCTOBER 17

What do you see when you close your eyes?

20___ · ________________

20___ · ________________

20___ · ________________

18 OCTOBER

What is consciousness?

20__ • ____________________

20__ • ____________________

20__ • ____________________

OCTOBER 19

Do you believe that everything happens for a reason? Explore your answer.

20__ · ______________________

20__ · ______________________

20__ · ______________________

20 OCTOBER

Observe the world around you. How can you bring about healing?

20___ · ________________________________

20___ · ________________________________

20___ · ________________________________

OCTOBER 21

Do you hold on to the past, or do you let it go? Why?

20___ · ______________________

20___ · ______________________

20___ · ______________________

22 OCTOBER

What is your favorite movie and why?

20___ · ______________________________

20___ · ______________________________

20___ · ______________________________

OCTOBER 23

How would you describe the sound of the ocean?

20___ · ______________________________

20___ · ______________________________

20___ · ______________________________

24 OCTOBER

If you could visit any sacred space in the world, what would that be?

20 ___ · __________

20 ___ · __________

20 ___ · __________

OCTOBER 25

How can you detach from the outcome of your actions?

20___ · ______________________________

20___ · ______________________________

20___ · ______________________________

26 OCTOBER

What could you give to yourself?

20__ · ______

20__ · ______

20__ · ______

OCTOBER 27

How awake do you feel now?

20___ · ______________________________

20___ · ______________________________

20___ · ______________________________

28 OCTOBER

How attached are you to technology? Can you put your phone away for a few hours? Can you switch off your computer?

20___ • ______________________________

20___ • ______________________________

20___ • ______________________________

OCTOBER 29

Whom could you show compassion to in your life?

20__ · ________________________________

20__ · ________________________________

20__ · ________________________________

30 OCTOBER

What is the most frightening thing you've ever experienced?

20___ · ______________________________

20___ · ______________________________

20___ · ______________________________

OCTOBER 31

Take a moment for quiet reflection.
What is your inner voice saying to you?

20___ · ____________________

20___ · ____________________

20___ · ____________________

1

NOVEMBER

Pay attention to your appetite. What is it asking for?

20___ · ______________________________

20___ · ______________________________

20___ · ______________________________

NOVEMBER 2

How can you live more mindfully?

20__ · ______

20__ · ______

20__ · ______

3 NOVEMBER

What would it feel like if you didn't have to rush through life?

20___ • ______________________________

20___ • ______________________________

20___ • ______________________________

NOVEMBER 4

What is your second favorite color?

20___ · ______________________________

20___ · ______________________________

20___ · ______________________________

5 NOVEMBER

How often do you smile throughout the day? Can you try to smile more often?

20___ · ______________________________

20___ · ______________________________

20___ · ______________________________

NOVEMBER 6

Whom could you celebrate today?

20___ · ______________________________

20___ · ______________________________

20___ · ______________________________

7 NOVEMBER

Is there a friend or family member you could call or text today?

20___ • ______________________________

20___ • ______________________________

20___ • ______________________________

NOVEMBER 8

Has your heart ever been broken?
Explore your answer.

20__ • ______________________

20__ • ______________________

20__ • ______________________

9 NOVEMBER

Is it difficult to say "I love you"? Explore your answer.

20__ · ______________________________

20__ · ______________________________

20__ · ______________________________

NOVEMBER 10

There is no time but now. What are you going to do with your time?

20__ • ____________________

20__ • ____________________

20__ • ____________________

11 NOVEMBER

What you seek, you already are.
What do you seek? What are you?

20___ · ______________________________

20___ · ______________________________

20___ · ______________________________

NOVEMBER 12

If you couldn't fail, what would you try to accomplish?

20__ · ______________________

20__ · ______________________

20__ · ______________________

13 NOVEMBER

What is your favorite season of the year?

20___ • ______________________________

20___ • ______________________________

20___ • ______________________________

NOVEMBER 14

What are you thankful for?

20___ · ______________________________

20___ · ______________________________

20___ · ______________________________

15 NOVEMBER

Do you miss anyone in your life? Explore your answer.

20___ · ____________________

____

____

____

____

20___ · ____________________

____

____

____

____

20___ · ____________________

____

____

____

____

NOVEMBER 16

Are you able to feel joy for others?
Why or why not?

20___ · ____

20___ · ____

20___ · ____

17 NOVEMBER

What emotions are you feeling right now?

20___ · ______________________

20___ · ______________________

20___ · ______________________

NOVEMBER 18

Do you feel any discomfort in your body? Where is it located?

20___ • ______

20___ • ______

20___ • ______

19 NOVEMBER

Close your eyes and gently focus your attention on your heart. What is your heart saying?

20___ · ____________________

20___ · ____________________

20___ · ____________________

NOVEMBER  20

Has someone angered you recently?

20__ •

20__ •

20__ •

21 NOVEMBER

What do you need from another that you are not receiving?

20___ · ______________________________

20___ · ______________________________

20___ · ______________________________

NOVEMBER 22

Why do you feel the way you feel right now?

20___ · ______________________________

20___ · ______________________________

20___ · ______________________________

23 NOVEMBER

Have you ever experienced anxiety? Describe how it affected your physical body.

20___ · ______________________

20___ · ______________________

20___ · ______________________

NOVEMBER 24

When you are calm, are others around you relaxed as well?

20___ · ________________________________

20___ · ________________________________

20___ · ________________________________

25 NOVEMBER

What does it mean that the world is in you?

20 ___ · ___

20 ___ · ___

20 ___ · ___

NOVEMBER 26

What are some ways you avoid painful situations?

20___ •

20___ •

20___ •

27 NOVEMBER

Does your mind wander during prayer or meditation? (It's okay if it does.) Where does it go?

20___ · ______________________

20___ · ______________________

20___ · ______________________

NOVEMBER 28

Is there any tension in your body? Where is it located?

20___ • ______________________________

20___ • ______________________________

20___ • ______________________________

29 NOVEMBER

Have you ever felt truly alive? When? What did it feel like?

20___ • ______________________________

20___ • ______________________________

20___ • ______________________________

NOVEMBER 30

If you had one day to live, what would you do?

20___ · ______________________

20___ · ______________________

20___ · ______________________

1

DECEMBER

Close your eyes and be still. Do you feel a connection with your source?

20___ · ______________________________

20___ · ______________________________

20___ · ______________________________

DECEMBER 2

What is life all about?

20___ • ____

20___ • ____

20___ • ____

3 DECEMBER

What are some old ways of thinking that no longer serve you?

20___ · ___

20___ · ___

20___ · ___

DECEMBER 4

What is one feeling you've had that has made you feel guilty?

20__ · ____________________

20__ · ____________________

20__ · ____________________

5 DECEMBER

Whom could you inspire today?

20___ • ______________________________

20___ • ______________________________

20___ • ______________________________

DECEMBER 6

The path of love is everywhere and nowhere. How can you walk this path?

20___ · ___

20___ · ___

20___ · ___

7 DECEMBER

Whom could you compliment today?

20__ •

20__ •

20__ •

DECEMBER 8

What are the best qualities of someone you dislike?

20__ · ______

20__ · ______

20__ · ______

9 DECEMBER

Who in your life makes you feel most alive?

20__ · ______________________________

20__ · ______________________________

20__ · ______________________________

DECEMBER 10

When you look in the mirror, what do you see?

20___ · ____________________

20___ · ____________________

20___ · ____________________

11 DECEMBER

How could you listen more attentively to the people around you?

20___ · ______________________________

20___ · ______________________________

20___ · ______________________________

DECEMBER 12

How often do you go with the flow?

20__ · ________________

20__ · ________________

20__ · ________________

13 DECEMBER

What could you give away today?

20__ •

20__ •

20__ •

DECEMBER 14

Do you need a vacation? Where would you go?

20___ · ______________________________

20___ · ______________________________

20___ · ______________________________

15 DECEMBER

Dreams come true when they are held quietly in the heart. What are your silent dreams?

20___ · ______________________________

20___ · ______________________________

20___ · ______________________________

DECEMBER 16

Love grows through giving. What can you give to others today?

20___ • ___

20___ • ___

20___ • ___

17 DECEMBER

If you could go anywhere in the world right now, where would you go and why?

20___ • ______________________

20___ • ______________________

20___ • ______________________

DECEMBER 18

The whole of reality is contained in the present moment. Can you feel it? Why or why not?

20___ · ________________

20___ · ________________

20___ · ________________

19 DECEMBER

What are you resisting in life?

20__ · ____________________

20__ · ____________________

20__ · ____________________

DECEMBER 20

Just for today, could you love unconditionally?

20___ · ______

20___ · ______

20___ · ______

21 DECEMBER

Do you feel like the choice is yours? Why or why not?

20___ · ___________

20___ · ___________

20___ · ___________

DECEMBER 22

When the door is closed, life is joyless. What door could you open for another today? What door could you open for yourself?

20___ · ______________________________

20___ · ______________________________

20___ · ______________________________

23 DECEMBER

What is the greatest gift you've ever given to another?

20___ • ______________________

20___ • ______________________

20___ • ______________________

DECEMBER 24

What is the greatest gift you've ever received?

20___ · ______________________________

20___ · ______________________________

20___ · ______________________________

25 DECEMBER

Observe the sounds in the room. What do you hear?

20___ · ____________________

20___ · ____________________

20___ · ____________________

DECEMBER 26

Close your eyes. What do you see? Describe.

20__ · ______

20__ · ______

20__ · ______

27 DECEMBER

Pay attention to your heart.
What do you feel?

20___ • ________________

20___ • ________________

20___ • ________________

DECEMBER 28

How could you be fearless?

20___ ·

20___ ·

20___ ·

29 DECEMBER

What is one step you could take today to further your dreams and goals?

20___ • ___

20___ • ___

20___ • ___

DECEMBER 30

What decisions have lead you to this very moment?

20___ · ____________________

20___ · ____________________

20___ · ____________________

31 DECEMBER

What will you do next?

20___ • ______________________________

20___ • ______________________________

20___ • ______________________________

Published in the United States by Clarkson Potter/Publishers,
an imprint of Crown Publishing Group, a division of
Penguin Random House LLC, New York.

ClarksonPotter.com

CLARKSON POTTER is a trademark and POTTER with colophon is a registered trademark of Penguin Random House LLC.

Library of Congress Cataloging-in-Publication Data is available upon request.

ISBN 978-0-593-57927-5

Printed in China

Edited and compiled by Gary Jansen
Editor: Deanne Katz
Designer: Annalisa Sheldahl
Production editor: Patricia Shaw
Production manager: Luisa Francavilla
Compositor: DIX and Nick Patton
Copy editor: Robin Slutzky
Marketer: Chloe Aryeh

Book design by Annalisa Sheldahl
Cover illustration by Cocorrina

10 9 8 7 6 5 4 3 2 1

First Edition